그것도 나였음을

그것도 나였음을 이든시인선 156

배미숙 시집

이든북

시인의 말

내 발자국 뒤로 따라온 이야기들.
어느것 하나 버릴 수 없는 살점들 같았다
손끝의 떨림에서
수줍은 한다발 꽃으로
묶어본다

| 차 례 |

시인의 말 ················05

제1부

사랑초 ···················13
아픔으로 새겨진 아버지의 자전거 ······14
그때 그 겨울 ···················16
하얀 눈 내리는 날 ···················18
하루의 마침표 ···················19
40년 만의 해후 ···················20
빨간 기와집 ···················22
엄마 한 잔 나도 한 잔 ···················24
신랑신부의 노래 ···················26
그림자 길 ···················28
가을의 끝자락에서···················30
뱅갈고무나무와 홍콩야자···················32
귀한 선물 내 친구 한미···················34
나를 부르는 그 곳 ···················36

제2부

소리 ·············· 41
엄마와 화경 ·············· 42
사거리 건널목 끝 노점이 있었다 ········ 44
소풍 같은 삶 그녀 ·············· 46
여자의 봄 ·············· 48
언니 ·············· 50
시계 속 시간과 나 ·············· 52
우리는 서로 바라봐 주는 관계 ·········· 54
신호등이 주는 찬스 ·············· 56
자동차 밑 길고양이 ·············· 58
저편 꿈꾸는 나의 삶 ·············· 60
내 곁엔 늘 줄노트가 있었다 ············ 62
방 한 귀퉁이 허수아비 옷걸이 ·········· 64
새해 아침 ·············· 66

제3부

딱지	69
노인	70
연인 같은 부부	72
나는 이 공간의 마술사	74
너의 이름은 돋보기 안경	76
이별, 그리고 재회	78
따로 서 있는 우리안에 우리	80
아침은 희망이다	82
꿈을 실은 배달통	84
우미네 곱창	86
깃발에 매단 염원	88
주는 복 받는 복	90
장녀의 무게	92
독백	94
흔적을 지우다	96

제4부

돈 다발의 의미 ················ 101
어느 여공의 이야기 ············ 102
아직 벗어나지 못한 정체된 도로 ······ 104
그리운 그 시절 ················ 106
벽 ················ 108
옛터의 모닥불 ················ 110
하루, 몽돌해변 ················ 112
그냥 ················ 114
손주사랑 ················ 116
엄마의 아침 ················ 118
나는 이 밤이 좋다 ············ 120
정리 ················ 122

작품해설
박순길 | 치열한 자아찾기의 면밀한 일상 ··· 124

1부

사랑초

아담한 하얀 둥지에 어둠이 내리네
가녀린 몸통 위에 자줏빛 얼굴

비바람 막아주는 사랑도
쉬어가는 이 밤
사랑초는 접혀진 우산이 되었어

이리 보고 저리 봐도
어둠이 비집고 들어갈 틈 없이
단단히 접혀진 마음 곁에
가느다란 하얀꽃을 피우고 있는 거야

사랑에 목마른 이에게 끝까지
함께 한다는 약속은 어둠 속에서도
계속되고 있는 것이지

연약한 몸통을 꼿꼿이 세우고
붉은 태양의 아침을 향해
자줏빛 꼭지가 힘차게 솟아있네

아픔으로 새겨진 아버지의 자전거

열다섯 살 딸이
병든 아버지의 어깨를 주무른다
살점은 없고 움푹 패인 그 위로
뼈만 잡힐 뿐이다

마루 위 아래로
글썽이는 눈은
아버지의 곧 있을 임종을 암시했다

생의 절벽 끝에서
온힘을 다해 숨을 몰아쉬는 등뒤엔
더이상 기골이 장대하지도
엄하지도 않은
연민만 가득할 뿐

헐렁한 난닝구에 들러붙는
마지막 절규가 젖는다

딸은 아버지의 근심
더 살아야 되는 이유를 안고
힘겹게 여름 저편을 향해 떠났다

마당 한 옆
딸을 태우고 다녔던
열다섯 살 자전거를 잃은 채
딸의 갈길을 지운다

40여 년이 지난 지금도
아픈 사랑으로
깊이 새겨진 채

그때 그 겨울

눈 송이 피고 지는 자동차 앞 유리
가로수에 눈꽃을 피울지도 몰라

눈발을 가르며 재촉하는 걸음 위로
눈만 내놓은 사람들 저 너머
얼어붙던 혹한의 침묵이 눈발에 실려있다

차곡차곡 눈에 덮힌 땅
몇날 며칠 눈밭을 일궈낸 듯
울퉁불퉁 질퍽했던 한 겨울의 잔상

눈과 흙이 뒤범벅 된 그 위로
크고 작은 발자국들 뭉개고 지나간
힘쎈 자동차 바퀴자국 선명히 다시 얼어붙는다

어둠을 소리 없이 덮었던 함박눈
누구의 흔적도 없는 순백의 감동에
세상은 좋을 것도 나쁠 것도 없나보다

자동차 히터를 한 눈끔 줄이고
눈꽃을 피우려는 따듯한 겨울을 달린다

하얀 눈 내리는 날

덩그러니 남은 달력 한 장
소복소복 하얗게 뒤덮인 열두 달
엄마의 간호와 죽음

잊혀질세라 귓불을 흔드는
12월의 매서운 칼바람 속
잔뜩 움츠린 어깨 너머로
사라지는 한 해

폭풍 같은 한파에
또렷이 새겨진 내 발자국들

어둠을 뒤덮어 버린
하얀 눈 내리는 날
온 종일 서 있던 고단함도
하얗게 덮이고

이제 덮어가며 살아라
눈꽃 송이 되어 내린 엄마

하루의 마침표

북적였던 하루
잘리고 또 잘려나가
쓸모없이 널브러진 머리카락

하루의 수고를 쓸어담고
노곤한 무게가 남는다

나의 집까지는 십여분 거리
하루의 길이보다 더 길다

거리엔 집으로 가는 사람들이
반짝이는 불빛 속에
어우러져 정겹다

내가 내 갈길 가듯이
하루의 마침표를 찍는 이 시간
차 한 잔의 여유가 참 좋다

40년 만의 해후

곧 꺼질 듯한 촛불 앞에
숨도 내 쉴 수 없는 막막함을 깨운다

마음 굳게 먹고 살라는 말을 남긴 채
끝내 눈을 감지 못했던 남편

다섯 남매를 아내에게 맡긴 그의 남편은
선산 한자리를 잡은 봉분 아래 묻힌 지 40년

이 애들을 두고 나 혼자 어찌 살까
구비구비 산 넘어 40년
그의 아내도 영면에 들었다

다섯 남매에게 엄마이자 아버지였던 아내
남편과 함께 사라진 여자라는 이름

외로움을 견디며 지내온 세월
아롱다롱 자식들에게 가슴을 파먹히고

빈 가슴엔 서글픈 그리움으로 채워졌다

매장도 싫고 납골당 항아리도 답답하여
자연장을 원했던 그의 아내

다시 만난 부부의 이름 석 자 묘비에 새겨
자연에 나란히 안치한 사연

따사로이 불어오는 바람은 남편의 품 같아
햇살을 머금은 아내의 눈물이 일렁이었을
40년 만의 해후

임자, 그동안 고생 많았네 그려

빨간 기와집

기억 저편 빨간 기와집 대전 동구 가양동

여기저기 경사진 골목들이 많고
주택과 빌라들이 빼곡한 그 틈에
우리 가족이 세를 살던 동네

어느 날 두 눈을 이끌던 저렴한 전세 독채
옥상도 없고 마당도 좁은 허름한 기와집에
마치 내집을 계약하듯 마음을 들뜨게 했던 시절

봄바람 결도 고운 이사하던 날
창문이 달린 방도 세 개
우리 가족의 신발이 나란히 올려질
뜰이 있던 35평 아담한 그 집

회색 시멘트 담벼락 사이
군데군데 녹이 슨 벽돌색 무늬를 이룬
철대문은 온전히 우리 가족을 위해

열리고 닫히는 내 성지의 지킴이었다

마당 한켠 작은 정원에 제일 먼저
방울토마토와 청양고추 모종이 자리를 잡고
맨 앞줄엔 집 장만 할 때까지 살겠다고 다짐하는 연산홍 자리

기와집의 봄은 아이들의 방에서 마루로
다시 마당으로 이어지는
자유로운 몸짓과 웃음소리에
뎅글뎅글 피어나던 행복

그러나 행복이란 이면엔
숨죽인 스스로의 위안이 있었는지도…

아직도 방울토마토를 따 먹던 다섯 해의 추억은
수십년 세월도 뛰어넘는다

엄마 한 잔 나도 한 잔

대전시립 추모공원
푸른 잔디 꽃동산

사이다 한 병 비스켓 하나
그리움을 담아본다

이마에 맺힌 땀방울
시원하게 쓸고 가는
엄마의 손길

연분홍빛 곱던 시절
한갓되이 꿈으로 사라졌다

아버지의 부재
오빠가 남긴 새까만 눈망울들
여장부가 되어야 했던
한 많은 세월

숨 막히는 멍에를 벗어던지고
자연에 새겨진 이름 석 자에
시들지 않는 꽃으로 피어있다

엄마 한 잔 나도 한 잔
뜨거운 눈물을 삼키며
콧등이 시큰한 사이다를 나눈다

신랑신부의 노래

앉은뱅이 화장대 위엔 신랑 신부가 수줍다

30여년 전 아버지 성묘길에 만난 우연은
운명적인 만남

꽃장식을 두른 하얀 면사포는
수줍은 신부의 양볼을 살포시 가리며
어깨를 타고 차르르 늘어뜨린다

그 곁에 젊음의 생기 가득한 얼굴
미소 한 모금 머금은
의젓한 신랑과 팔짱을 끼고
행복한 카라 부케는 송이송이 사랑 심어
신부손에 꼬옥 쥐어졌다

사랑을 수 놓은 순백의 드레스는
지난 25년의 희미했던 청춘을 덮고
행복하게 살자 발맞춰 행진하던

꽃비 내리던 무대

풍족함 대신 성실함이 전부였던 신혼살림
애정을 듬뿍 담은 소박한 밥상은
신랑의 어깨에 힘을 실어온
 30여년 세월

때론 미움도 연민으로 달래가며
측은지심도 자리잡고
화장대 위에 지금도 변함없는
신랑 신부의 행진

우리 잘 살았노라고
서로 지켜봐 줘서 고맙노라고
남은 삶도 지금처럼만

그림자 길

길 위에
쏟아져 나오는 사람들
관심 없는 듯 곁눈질로 스치며
사라지는 길 위의 인연들

발자국 남지 않는 아스팔트 길은
뚜벅이들 신발 밑창을 갉아먹고
운동화 소리는 길바닥을 터벅터벅 삼키며 간다

꽁꽁 언 길 위에
꽁꽁 언 두 발이
얼음 조각을 박은 채 걷고 걸었던 길

냉혹한 겨울
진땀을 목에 두르고
눈부신 태양 아래 피어난
내 그림자를 응달에 묻어가며 걷기도 했지

늘 혼자 걷는 길이었어
내 키보다 더 넓은 길들이 왜 그리도 많았을까
매순간 목젖 너머로 삼켜야 했던 길이
이제 조금은 재미있는 길이 되었다

알록달록 꽃 같은 사람들
바쁘거나 한가한 무리 속에 끼어
있는 듯 없는 듯 스치고 또 스치는 길
태양 아래 나를 닮은 내게도 무심해졌다

때로는 두 발로 걷는 길도
네 바퀴로 달리는 길도
조금은 아주 조금은 가볼 만한 길이 되었어

가을의 끝자락에서

적벽강 따라 선 나무 아래
소복이 섬을 이룬 노란 은행잎
붉은바위 수채화

햇살 품은 강은 반짝이는 빛으로 수를 놓고
쉴새없이 숨을 내쉬는 은빛 치어

강가를 둘러싼 철벽 같은 병풍에
가을의 끝자락이 스며드니
괜스레 허해지는 마음

그 허기를 채우는
어느 맛집의 어죽 한 그릇
따스한 온기가 전신에 퍼진다

갈색 추억들이 휘날리는 그 곁에
간간히 서 있는 감나무
새들의 쉼터인 양

붉은 홍시 대롱대롱~

가을은 적벽강 등 뒤로
이별의 쓸쓸함을 품고
바스락바스락 스러져 간다

뱅갈고무나무와 홍콩야자

위를 향해 뻗다 못해
허리가 휘어지는 마디를
작심하고 잘라주었다
얼마나 아팠을까

뱅갈고무 나무는
하얀 신음 쏟아내고
홍콩야자는
묵묵히 아픔을 함께했다

그들의 상처
쓰린 내 마음도
맑은 물에 씻어내고
자신의 뿌리를 내리기 위해
생명수에 몸을 담근다

얼마나 기다려야
새로운 안식처에서

파릇파릇 새싹들의
소곤거림을 볼 수 있을까

귀한 선물 내 친구 한미

2022년 10월 16일
처음으로 여권을 쥐고
구름 위를 날던 날
타원형 밝은 우주인이 나올 듯
또 다른 신세계

베트남에 첫발을 내딛는 순간
뜨거운 태양 아래 낯선 풍경
이국인들 틈에 너와 함께
마냥 신나고 자유로웠지

시티투어 2층 버스에 올라
호치민시 야경에 흠뻑 젖은
우리와 저들의 함성은
바람결에 춤을 추고

찬란한 희로애락 속에

너와 내가 있음을 감사하며
랜드마크 75층 블랙 라운지에서
바라 본 세상은 신비롭고 예뻤지

친구야
여행 마지막 날 디너 크루즈의
멋진 피날레
주옥같은 4박 5일의 여정
영원히 잊지 못할거야

내 친구 한미야 사랑한다

나를 부르는 그 곳

봄이 다가기 전에 한번 다녀가란다

작은 몸이 감당할 것들
뭐 그리 많냐고
가슴에 체기를 쏟아내듯 털어버려라

크고 작은 바윗돌에
부서지는 파도처럼
파란 멍울들 물거품으로 사라질
나를 부르는 그 곳

청푸른 물결
하얀 물감 희석시키듯
아름다운 파도를 이루는
영덕의 바다

해안도로를 타고 이어지는 탄성
내 눈꼬리 따라 나르는 자유로운 갈매기
상긋한 바닷내음

넘실넘실 바람을 타고 밀려오는 파도에
한 웅큼 올라앉아 산산히 부서지는 상념
그렇게 비워지는 나

해안가 모래밭에
가벼운 내 발자국 다시 새기며
등대 앞 거리공연에 내 음성도 남겨본다

2부

소리

새벽을 적시는 빗줄기 소리
베란다를 훑고 지나는 저벅저벅 자동차 소리
정적을 깨우는 모모의 취기 섞인 소리
굉음으로 달리는 오토바이 소리
11층을 타고 올라오는 귀뚜라미 소리
열린 창을 넘나드는 바람소리
'탁탁' 블라인드가 창에 부딪치는 소리
수족관 산소기 물방울 흐르는 소리
째각째각 시계 초침 소리
잠 못이루는 이불 뒤척이는 소리
소리가 소리를 부르고
소리에 쌓여 헤어나고픈
마음의 소리

엄마와 화경

양말을 신고보니 새끼손톱 만한 구멍으로
살빛이 드러난다
순간 양말의 구멍은 화경이 된다
지금 우리집엔 구멍난 양말을 꿰매는 엄마가 앉아있다

어린 시절 구멍 난 양말이며 옷의 헤진 부분도
엄마의 바느질만 거치면 흠집이 감쪽같이 사라진다

늦가을이 되면 엄마의 양 손에 걸린 대바늘 따라
털실 두 뭉치 데굴데굴 재롱부리면
어느새 털조끼가 하나 목도리도 하나
또 며칠이 지나면 스웨터가 하나
그렇게 엄마의 어깨를 짓누르는 사랑을 입었다

무엇 하나 쉽게 버릴 수 없던 알뜰했던 엄마
늘 이곳저곳을 뚱땅뚱땅 고쳐야 했던 아버지
불쏘시개 한 줌씩 집어 아궁이에 불을 때면
우리들은 둥지 속 제비 새끼들처럼 누워 종알대던
따끈한 아랫목이 되었다

묽은 수제비 반죽을 주걱에 올려 젓가락으로
떠밀던 가난은 양은냄비 속에서 구수하게 끓던 부뚜막
엄마는 밀가루에 막걸리 넣은 반죽을
아랫목에 덮어두면 우리들의 배가 점점 불러 있었다

그렇게 사랑을 먹고 사랑을 입던 우리들
해맑은 웃음소리 가득했던 그 시절 우리집은
가난을 모르고 살았던가 보다

사거리 건널목 끝 노점이 있었다

신탄진 사거리
건널목 끝 옆에는
오랜세월 굳건히 닫혀진 노점
어머니는 늘 당신의 가게라 하셨다

지금은 주인 없는 곳
오가는 이들을 위해
한 평의 몫을 다 하고 있다

장이 서는 날이면 빼곡히
들어서는 상인들 틈 사이로
어머님 여운만이 스친다

모질고 딱한 인생
젊은 과부로 굽이굽이 고된 삶
자식 둘마저 앞서 보낸
숯 검댕이 가슴 안고
지칠새 없이 살아야 했던

고단했던 세월의 무게에
항복하듯 휘어진 허리는
발걸음을 더디게 한다

늘 따듯한 눈빛과 미소
얼마나 볼 수 있을까

소풍 같은 삶 그녀

갈색빛 긴 생머리에
여리여리한 자태
웃음진 반달 눈에
따듯함이 배인 정겨운 말씨
그녀는 참 예쁘고 아름다웠다

짧은 생의 슬픔보다
사랑과 온정을 나누는 기쁨으로
가득했던 그녀의 삶

육신의 기능을 하나하나
집어 삼키는 병마를 끌어안고
가여운 아픈 몸짓을 마지막
포옹으로 마음 달랬던 우리

이제 저 하늘 어딘가에
천국의 삶을 살고 있을 그녀
사랑하는 사람

애달픈 눈물로 배웅 받으며
행복하게 잘 살다간다는
그녀의 삶은 소풍 같은 인생이었다

우리는 모두 소풍 같은 인생을
사는 것인지도…

여자의 봄

아파트 담장 밑
겨울잠 자던 새싹들
봄 햇살에 빼꼼히
훈풍에 기지개 편다

올 것이 왔음인데
반가운 마음
양 볼은 미소 한가득

내 손길 봄맞이 단장에
콧노래 리듬 타고
변화의 에너지
한바탕 쏟아붓는다

통통했던 장롱 속
겨울 끝자락에 실려 보내고
산들거리는 여유로운 공간

핑크빛 새 이불을 사볼까
지난 봄엔 어떤 옷을 입었는지

여자의 봄은 할 일도 많고
하고픈 것도 많다

겨우내 거실 한켠
차지했던 화초들
베란다로 향하는 몸짓
나의 정원에 사랑이 숨쉰다

언니

어느 겨울 초저녁이었던 것 같아
가로등 불빛 머금은 환한 얼굴

털코트 주머니 속에
시린 내 손을 감싸 넣어주던
따듯한 마음이 있었어
누가 먼저랄 것 없이 맞닿은 거리
우린 무언의 한편이 되었었지

해맑은 표정과 똑똑 떨어지는 말씨
측정할 수 없는 내면의 깊이
사랑의 조언과 격려를 아끼지 않는 언니

때로는 열무김치 파전 번데기 볶음에
소복히 덮힌 깨알
헤일 수 없는 언니의 마음은 어떤 색일까
먹기도 아까워 잠시 바라만 보기도 했지
세월의 연륜을 어찌 따를 수 있을까

커다란 김치통 가득 갖은 양념 켜켜이 채워
휘감아 놓은 결정체는 언니 품의 넓이 같아

오늘은 물에 밥 말아
김치 쭉 찢어 얹어 먹으니 잃었던
입맛이 되살아나는 감동이 찾아왔어

고운 얼굴 깊은 마음
진한 맛이 담긴 김장 김치는 언니의 사랑

시계 속 시간과 나

시간을 잡고 싶을 땐 시계를 바라본다

쨱각쨱각 시계의 심장 소리만 일정할 뿐
바라보는 순간 시침은 미동도 없는 듯하다

가느다란 초침은 쉼 없이
분침을 밀어주고 분침은 다시
시침을 이동시키려 하지만 시침은
내 시선에 머물러 있다

연약한 초침은 강한 심장 소리를 내며
내 눈을 의식하지 않고 정확한 속도로 제 할일을 한다

초침이 중심이 되어 돌아가는
작은 공간 속 검은 숫자들에 포로가 되어
하루가 숨가쁘다

내 등을 콕콕 찍어대는 시계바늘에 쫓겨

숨을 몰아쉬는 순간
반항하듯 시계를 응시한다
잠시 멈춤

시계바늘이 내 시선에 부딪치면
멈춘다는 걸 알아차린 나는
시간을 잡고싶을 땐 시계를 바라본다

나는 지금 시간을 붙들고 할일이 많다
고객들의 헤어 디자인도 해야 하고
시상의 바다에서 시어도 낚아야 하고
오래전 접어 놓았던 공부도 해야 하고

시계속엔 13이란 숫자가 없다
보이지 않는 13을 덤으로 얹어놓은
고단하지만 행복하다는 포로

우리는 서로 바라봐 주는 관계

어서와
밤새 꼼짝 않고 너를 기다렸어
날 향해 반기는 듯한
블랙의 의자

하루의 긴 시간을
함께 하는 저들
언제나 타인들 차지다

저들은 나를 바라보고
나는 타인을 바라보고
수많은 사람들의 무게를 감당하는
너도 얼마나 힘이 들까

오늘은 나에게 잠시 앉아보란다
언제나 서로 바라만 보는 우리
너에게 잠시 나를 맡겨보지만
어색함은 이내 자리를 뜨게 하고

우리는 오늘도 한 편이 되어
바라봐 주는 관계가 된다

신호등이 주는 찬스

짙은 회색 빛 하늘
뿌연 아침의 도시

영롱하게 떠있는
빨강 불빛 아래
때를 기다리는 시간

어떤이는 멍한시선 들어
창밖을 향하고
옆 차 운전자의 능숙한 손놀림
눈 화장이 급하다

빨간 신호등이 주는 찬스
급박하게 돌아가는 도시의 치열한 삶
자동차 안에서도
건널목을 건너는 사람들도
핸드폰 위에 빨강 손가락들

그 위엔 눈을 치켜떴다 내려 뜨길 반복한다

법의 시스템이 주는 편리함과
위험천만이 공존하는 시간

카톡!!
지인이 보낸 첫 편지
이순간 파란 화살촉은
왼쪽의 자동차들을 이끌고 어디로 꽂힐까

나는 직진이다

자동차 밑 길고양이

아기의 울음소리 같기도 하다

호소인지
절규인지
귓가를 자극하는 울부짖음

통유리 바깥세상 기웃기웃
보이지 않는 존재들

땅거미 짙게 덮인 저녁
자동차 밑
보석같은 두 눈

뚫어져라 나를 응시한다
무슨 말을 전하고 싶은걸까

밝게 비추는
가로등 불빛 아래
어둠을 덮은 고양이

힘겨운 외침이 너였을까

비스켓 하나 던져 줄 것 없는
야속함이 가득하고

평온이라도 지켜주자는
빈약한 발걸음이 무겁다

저편 꿈꾸는 나의 삶

사랑하는 그와 나는 떠나고 싶다

물 바람 살결 스치는
강물이 흐르고
그 속에
푸른 산새 일렁이는 곳이라면
어디라도 좋다

아늑함을 충분히 느낄 수 있는
아담한 황토집이어도
정갈한 한옥이어도 좋겠다

마당 한 귀퉁이 작은 텃밭에
채소류와 과실 나무를 가꾸고
백구와 황구도 키우고 싶다

부엌에 쌀 한 자루도 여유롭고
구수한 된장찌개 쩝쩝 입맛 다시는

소박한 삶을
그와 더불어 살고 싶다

하루를 열심히 살고
마주할 때는 격려와 칭찬으로
입맞춤 하는 이쁜 짓도
그와 함께 나누고 싶다

그의 어깨 기대어
반짝이는 별들을 노래하고
밤하늘 달빛에
행복한 우리를 담아보고 싶다

나는 사랑하는 그와 이런 삶을 살고 싶다

저편 꿈꾸는 나의 삶이
꿈으로만 끝날지라도
오늘도 나는 꿈을 꾸어 본다

내 곁엔 늘 줄노트가 있었다

내 곁에는 늘
연필과 지우개를 끼워넣은 줄노트가 있었다

새 노트를 살 때마다
냄새도 맡아보고
한 줄 두 줄 세어보는 습관도 있지

여기엔 무엇을 쓸까
손가락에 쥐어진 연필
지난 가을바다의 추억을 소환하기도
잠 자는 거울에게 이름을 붙여 불러 주기도

줄과 줄 사이를 까맣게 채우곤 하지만
줄에 걸려 오도가도 못하는
연필 쥔 손가락의 마비

때로는 즐겁기도 슬프기도 한 곡예사가 줄을 타고 있다

삶의 주름들을
한줄 한줄 펴가는 노트
가슴 한 복판을 비워내는 또 다른 쉼터

그 속엔 그렇게
나만의 긍정적 언어가 있고
나만의 자유로운 노래가 있고
내 삶은 온통 노트 위에 있었다

오늘도
썼다 지우고 다시 써내려가는 작은 완성
지우개 자국을 꾸욱 누른
연필자국 위에는
여명을 닮은 잔광이 비추고 있다

방 한 귀퉁이 허수아비 옷걸이

하루가 저물 쯤이면 하나 둘 축 처진 무게들이 실린다

팔도 여러 개 다리도 여러 개
위아래로 걸치고 또 걸쳐 입은
나는 허수아비

온종일 육신을 감싸던 또 다른 육신을 벗어
내게 걸치는 순간
나는 이들의 체취에 쌓여 밤새
숨죽인 어둠을 지킨다

이곳은 황금들녘의 뙤약볕도 없고
옷 소매 날릴 바람결도 없고
못생긴 단벌 신사도 아닌

25년 안방 장롱 곁
한 귀퉁이를 지키는
열 세개 뿔이 달린 허수아비 옷걸이

가끔은 옷 속에 파묻혀
감당하기 힘든 무게에도
나의 존재감은 이 집의 가장 오래된 골동품

밤새 껴안고 지샌 무거운 체취를
하나 둘 벗어던지는 가벼운 아침
늘 걸쳐있는 조무래기 몇 벌은
텅 빈 하루의 동무가 되어준다

새해 아침

눈부신 태양 새 아침을 열고
저 하늘도 파랗게
새해를 맞이한다

두터워진 빳빳한 달력은
한 해가 시작됨을 알리고
꽉 찬 숫자에 두 눈이 분주하다

떡국을 끓여 고명도 얹어
식탁에 차려지는 행복
떡국 한 그릇에 나이도 한살 얹어
든든함이 채워지는 아침

그래 또 잘 살아보자
나는 너를 너는 나를 한껏 품고
함께 또 가보려
새해 첫발을 내디뎌 본다

3부

딱지

딱지가 올라앉아야 상처가 아문 것이다

며칠전 점을 뺀 순이 언니의 얼굴에도
도마 위 칼날 끝에 베인
검지 손가락 끝에도
붉은 상처 다독다독 여미며 올라앉은

딱지가 툭 떨어지면
보일 듯 말 듯 남겨진 상흔
똘똘 뭉쳐 떨어져 나간 아픔
가슴을 휘벼 파고자 던진
너의 말.말.말

자만의 댓가 혹독히 치룬 상처
동심의 딱지 접힐 때마다
너와의 인연도 접어 넣어

바닥에 힘껏 내리 꽂았다 튕겨 사라진 딱지
그 자리에 새살이 돋는다

노인

도무지 무엇이 지나간 자리일까
보송보송했을 손등
뽀얗고 길게 뻗은 두 팔 위에
먹물 같은 반점들이 크고 작은 무늬를 이루었다

눈과 눈 사이에도 양쪽 입가에도
깊은 고뇌가 할퀴고 간 흔적들

검지와 중지로 쓸어보는 손등
파란 힘줄 도드라진 얇은 거죽이
두 개의 손가락을 따라 맥없이 밀린다

자식들 앞길만 바라보고 달려왔을 길들
자신의 발등만 바라보고 살아가라는 듯

휜 허리 따라
검은 반점이 무늬를 이루는 백발의 노인 얼굴에
가로지르고 세로 지른 미소가 깔려있다

구순의 두 눈
소담스럽고 뽀얀 손등이 올라앉고
이마의 깊은 골을 따라
고왔던 시절이 저만치 흘러간다

연인 같은 부부

남편의 눈에는 언제나 사랑스러운 아내
아내의 눈에는 언제나 존경스러운 남편

백년해로의 약속을 손가락에 끼운지
어느덧 50여년 세월
뒤돌아보니 넘어야 했던 산도
건너야 했던 강도 한폭의 그림으로 있다
그래도 두손 꼭 잡고 잘 살아온 여정

훤칠한 키와 곧은 체격
굵은 음성의 남편
뽀얀 얼굴 예쁜 두 눈의 아내
연민으로 피어나는 은빛 나이도 곱다

언제나 대화도 즐거운 부부
농담 한두 마디 던지는 남편의 말에
잘 웃는 아내는 다시 남편을 웃게 한다

한 번도 둘만이 살아보지 못한 아쉬움
오롯이 둘만의 삶을 위해
공기 좋은 실버타운으로 향했다

보기도 아까운 당신이 있어
남은 삶도 행복하리라는 연인 같은 부부

나는 이 공간의 마술사

분주했던 시간을 넘어
언제 그랬냐 찾아드는 적막함
잔잔히 흐르는 장난감 병정*

그 속에 나만의 공간
가슴의 체기가 갇혀 있는 곳
손끝을 타고 하나 둘 흘러내리고

오롯이 혼자 또 다른 나를 만나네
내 손길을 따라 살아나는 컷 컷 컷
그들과 공감하며 성취의 기쁨을
함께 나누는 곳

덤불 같은 하얀 머리
곧게 뻗은 검은 머리
구불구불 갈색 머리
고민 가득 처진 머리

멋과 아름다움을 갈망하는
'딸랑' 종소리에 미소 한 모금
손끝에서 풀어지는 나는 이 공간의 마술사

*가수 박강성의 노래 제목

너의 이름은 돋보기 안경

내 눈을 또 응시한다
필연적인 존재

검뿌연 글자를 뚫어져라
동공 위에 찌그러지는 눈꺼풀
이 순간을 낚아채듯
콧대 위에 올라앉는다

눈앞이 선명해졌다
지면 끝 모서리에 붙은
엄지손가락 마디 사이
패인 상흔

수없이 갈라진 실금
노년을 얹어놓은 손등
자존심이 슬프게 드러난다

나를 따라 움직이는
혼동이 버거워 고개를 떨군다

숨죽여 미끄러지는
그 너머로 동공이 올라타
두 개 또는 네 개의 눈이
번갈아 보는 삶

얼굴의 반을 차지하듯
인생의 반을 함께할 듯
너의 이름은
돋보기안경

손끝을 타고 벗어날 땐
자국을 남기고
그 자리는 너의 자리가 된다

이별, 그리고 재회

11월의 세찬 비바람이 분다
위잉~ 바람속에 냉기가 서려있다

화려한 색채의 옷으로 휘감던 나무들
황홀했던 가을의 스타일이
우수수 벗겨져 사방에 흩날리고

영원하고 싶었을 아름다운 시절이
무너져 내리는 순간이다

산내 구도로에 길게 늘어선
플라타너스 나무 이파리들
도로 양쪽으로 떠밀리고 쌓이는
갈잎의 마지막 향연

무심히 지나치는
자동차 바퀴에 찢겨지는 갈잎의 고통
젖은 바닥에 신음을 묻는다

어느 시인의 위로
이게 끝이 아니야
화려함을 벗어던진 초연한 나무의 여백

쉼 없이 돌고 도는 계절의
수레바퀴 속 공허함을
재회의 기다림으로 채운다

바람이 훑고 간 공원벤치엔
덩그러니 남은 낙엽 하나
몸 밖으로 나간 마음 하나

따로 서 있는 우리안에 우리

그는 저기에
나는 여기에
같은 공간 먼 거리에서
바라보는 시선의 엇갈림

술잔을 채우는
그의
손끝 따라
애잔함으로 채워지는 눈빛

파도치는 바다를
그리워하는 가슴에
등을 대고 먼 산을 바라보네요

술잔의 술은 춤을 추기 시작해요
먼 산에 있지도 않는 배를 띄우며
뱃노래에 흥을 마시고 또 마셔요

파도가 멈춘 바다는
지쳐 잠든 바다겠지요
사철 푸른 소나무가 바다에 없음을
알면서도 산에 오르기 벅찼나봐요

우리의 변함없는 거리에서
우리는 우리를 지키고 있어요
그와 나는 우리가 우리의 성지인가봐요

아침은 희망이다

눈을 부비며 무거운 눈꺼풀을 들어올린다

밤새 눕혔던 정신을
모닝커피로 일으켜 세우고
하루의 시작을 위한 무장으로
아침의 대열에 나선다

도로 양쪽으로
탐스럽게 늘어선 이팝나무 꽃송이들
눈 덮인 나무를 연상케 한다

어제의 길
어김없이 지나며
풍성한 꽃송이 틈틈이 박힌 햇살도
다시 만나는 아침

대동을 지날 때면
길가의 제일 부지런한 꽃 가게 블루밍

주인을 본 적 없어도 매일
새로운 옷이 걸리는 옷 가게와
우송대 학생들이 풍겨주는 젊음이 있다

어제와 별 다를 것 없는
아침의 풍경을 가르며
이 순간이 희망이다

꿈을 실은 배달통

머리엔 헬멧을 쓰고
뒤엔 까만 배달통을 달고
굉음을 내며 달리는 라이더

때론 출발 신호를 뒤로 한
멈춤의 시간도 잠시
회색 빛 숲길 사이를
뱀처럼 유유히 넘나든다

일분일초를 다투는 배달통엔
처음 장만하는 24평 아파트가 한 채
또 다른 배달통엔 삼남매의 교육비가 한가득
아직 빚을 갚지 못한 아버지의
근심도 무겁게 실려간다

여기저기 낯선 집 초인종을 찾아
꿈을 쫓는 그

내리쬐는 불볕을 동여맨 그 위로
골목 사이를 누비는 까만 두 눈에
가느다란 세상 한 줄
하얀 달빛도 헬멧 위에서 함께 숨가쁘다

번개처럼 나타나 아찔함을 남기고
도시의 뱀처럼 사라지는 라이더 사이엔
치열한 전쟁터에서 공존하는 애증

저만치 피자가게를 나서는 라이더의
손에 들린 피자박스엔
꿈을 향한 그래프가 한 눈끔
반짝이는 앱은 밤새 지칠 줄 모른다

우미네 곱창

충남 당진 읍내동 먹자골목
우미네 곱창

커다란 두 눈
늘씬한 키에 긴 머리 아가씨는
어느새 중년이 되어 곱창집 사장이 되었다

20여년이 흐른 지금도 변함없는
예쁜 얼굴 착한 마음씨

그 곁을 지키는 까까머리
순박한 얼굴에 다정스런 말투가 매력인
우미의 남편

대여섯 개의 테이블 나란히 놓인
아담한 가게 안에 부부의 볼그레한
복사꽃 웃음 피어난다

투명한 조리박스 안에서
건물 하나 사보겠다는 희망을 꼭 쥔
손놀림에 곱창볶음 한 접시가 나온다

오동통한 뽀얀 돼지곱창에
향긋한 깻잎, 부추, 탱글탱글한 당면
빠알간 색채도 곱게 어우러진 곱창볶음

송글송글 이마에 땀방울 한줄기
검은 속눈섭 위에 툭 올라앉을 때
손님의 한 젓가락 듬뿍 한쌈이 된다

깃발에 매단 염원

초롱초롱 어린 눈동자들
고사리 같은 손을 잡고 살아온 여정에
마침표를 찍는다

하나뿐인 자신의 분신마저
떼어놓을 수밖에 없었던 사연
맨바닥 찬서리를 온몸으로 휘감던 세월
수많은 우여곡절의 눈물은
거부했던 세계로 흘러

부모 형제도 인정하지 않던
자신조차도 거부하려 했던
고독한 신내림의 길

긴 머리 쪽을 지고
백색의 한복 위에
화려한 신복은 험난했던 세월을 덮는다

원하든 원치 않든 그 길은
너의 운명이었을까

두손 모아 무릎이 닳도록 절하는
여인의 애달픈 촛불은 곧게 타오르며
꽃을 피운다

살며시 감은 두 눈 아래
내려놓은 모든 고뇌
자신을 갈고닦는 정성어린 기도

신의 딸로 다시 태어난 지선당
온전히 빛을 발하려는 염원은
공중에 매달린 깃발에 펄럭인다

주는 복 받는 복

당신은 늘 내게 무엇인가를 주는 사람

내가 좋아하는 빨강색 티셔츠도 사주고
내 두 눈을 위해 영양제도 챙겨주고
노화 방지를 위해 피부 마사지도 해주고

나를 위한 정성스런 밥상
계절 음식도 소홀하지 않습니다

마르지 않는 샘물 같은 당신
주는 복을 타고난 사람일까요

나는 당신을 만난 순간부터
받는 행복이 시작되었습니다

아침마다 당신의 손끝에서 옷깃이 세워지고
책을 읽는 두 눈
봄날의 냉이국

초저녁 산책길에 나란히 앞서가는 그림자
오늘도 내게 선물입니다

받아도 받아도
처음 같은 설레임
나는 받는 복을 타고난 사람일까요

당신이 주는
소중한 복을 담고 담아낸 나는
따듯하고 든든한 당신만의 요람입니다

장녀의 무게

한밤중 아버지를 모시고 갔던 응급실
병상마다 링거를 꽂은 환자들의
괴로운 표정들

의사를 바라보는 아버지는
저승과 이승을 번갈아 보는 듯
하얀 가운 뒤를 따라가는 애절한 눈빛

바람 한 점 없는 공간 임에도
손끝을 타고 올라오는
한기와 외로움에 흐르는 눈물

곁을 지키며 녹아내릴 듯 했던 너의 가슴
다섯 시간의 응급 치료가 끝날 즈음
내뱉는 안도의 한숨
목구멍으로 꿀꺽 넘겨지는 장녀의 무게

오늘도 살아있는 노부모는

자체만으로 사랑이고 힘이라던 너에게
아낌없는 갈채를 보낸다

독백

가슴 한 곳 또아리를 튼 채
목을 치켜든 뱀처럼
기회를 찾고 있었나 봐

꼭 한번 이뤄보자 했던 숙원 앞에
3년치의 과제는
턱 하니 내 앞에 던져진 거야

하얀 백지 위 빼곡히 덮은 글씨들
까만 물결 되어 일렁이고
하얀 백지 머릿속을 헤매는
뿌연 두 눈을 훔쳤지

오랜 세월 널브러졌던 무지함
이 난감함
정신을 다 잡고 까만 물결 출렁이는
새로운 길에 첫발을 내딛는 거야

어디서부터 어떡해 찾아나설까

나는 지금
하얀 백지 위에서 콩 고르기를 하고 있어

구부러지 콩
동그란 콩들을 어둔 눈으로
하나하나 주워 담으며 마음 둔 그곳을
찾아가고 있는 중이야

아스팔트 끊긴 여기서 저 너머까지
그래도 괜찮아
어제까지의 세월은 아주 훨씬 더 길었으니까

혼적을 지우다

기나긴 세월의 흔적을 삼킨다

심장을 지나는 보풀 제거기의 작은 울림
나의 아이보리색 스웨터는
묵은때를 벗고 있다

아직은 따스한 감촉 밖에서
몽글몽글 피어나는 부스럼 같은 표면
우린 서로를 놓지 못하고

온기와 냉기의 경계를 오가며
헤지고 또 헤져가는 사정을 모른 채
편하다는 명분을 입힌 무뎌진 눈빛

오래전 선물받은 아이보리색 스웨터
차디찬 냉기와 세월을 머금고
온몸으로 부대끼며 하얗게 피어난 보풀들
잔잔한 안개꽃을 닮기도 했지

단단한 내실을 위한 사투가 거기에 있었다

부드러운 숨결로 태어나
수많은 한파 속에 애쓴 흔적
한올 한올 엉겨붙은
시린 감정들이 지워져 간다

그 틈 사이로 쉬어가는 옅은 한 숨
다시 새순처럼 솟아나는 심장 박동소리

4부

돈다발의 의미

새해 첫날
인생 60년 맞이 남편 손에 쥐어준
오백만 원 돈다발 선물

은빛 머리칼이 검은 머리칼보다
돋보였던 날

이마에도 미간에도
깊어진 주름이 분홍빛으로
활짝 피었던 날

살짝 기운 어깨를 뒤로 젖히며
'하하하' 웃음소리 멋적은 그 위로
눈망울 영롱했던 날

젊음을 삼킨 세월에 뒤지지 말라고
남은 인생은 60부터 시작이라고
지금까지 사느라 애썼다고

신사임당도 남편도 마주보며 웃는
노오란 지폐 100장의 의미

어느 여공의 이야기

드르륵 드르륵 드르륵
미싱은 밤 새는 줄 모르고 돌아갔다
짤각짤각 발판을 열심히 밟아대는
퉁퉁한 다리들

형광등 불빛 아래 뿌우연 먼지는
고개 숙인 머리 위에 맘껏 흩날리고
지친 어깨에 매달린 두 팔들은
미싱 위에 붙어 함께 돌아간다

어느 소녀는 미싱 기능사가 되겠다고
보조로 들어와 야간 근무에
철야 근무로 받았던
첫 월급 56,000원에 뿌듯했고

미싱기능사 되어 의자에 붙어버린
엉덩이 꼬리뼈는 지쳐 틀어져 버렸다
아침 해를 바라보며 들어간 공장

여명이 밝아올 무렵에 그 밖을
나올 수 있었던 무수한 날들

의류 수출의 역군이라는 미미한 명분으로
열악한 환경 속에 그들의 지친 완성은
당당히 미국으로 일본으로
날개를 달았다

그래도 기능사의 자부심이 담긴 작은
월급봉투는 가족의 생계에 일조를 했다는
가치로 회상한다는 여공

그 시절 철야근무 때 마시던
박카스는 지금도 최고의 영양제가 되었다

아직 벗어나지 못한 정체된 도로

언제쯤 완전히 벗어날 수 있을까

차례가 올 듯하면 정지선이다
구겨진 체증으로 풀어야 할 숙제를 안고
드르누운 매끈한 도로의 모순

검정 흰색 빨강 국산차 외제차 그 사이로
빈틈 없이 줄지은 차들 속에 갇히고
도로 위에 다시 가둔 나

하나 둘 교통 순경들은 정체를 풀어보려 하지만
정체는 아직 정체일 뿐이다
세월은 도로공사를 했을 뿐 체증을 풀지 못한
숙제가 남아 있다

삐익삐익 경적을 토해낸다
지금의 답답함을 벗어나고픈 울림

얼었다 녹았다를 되풀이 한 물이
도로 밑에 잠자고 있다
부실한 도로 위에 저만치 뛰는 가슴

정체된 고인 물에 내 발목이 잡혀 있다

그리운 그 시절

새싹이 움트고 꽃잎이 만발한 봄은
벽에 걸린 액자 속 그림
꽉 막힌 어둠에 묻혀 있던 봄의 햇살

다만 꼭 한번 더 보고 싶은 그리움 하나
온몸을 적시는 무거운 여름을 나게 했던
가녀리지만 보석 같은 꽃의 힘

꽃을 피울 수 없을 것 같은
그늘진 대지 위에 피어난 꽃의 탄생
소중하고 탐스런 나의 아가

뽀얀 젖줄기 타고
나의 심장소리에 맞춰
샛별 같은 눈도 고사리 같은 손도 한 눈끔씩 자라났다

수십 년이 지난 지금
잊을 수 없는
새내기 엄마가 되었던 그 시절

지금은 내가 제일 작아져 버려

낯선 오늘

아이를 품에 안고 있는

또 한 장의 그림이 화사한 봄날이었다

벽

사방이 철벽이다
벌어진 틈도 없고 어느 한 곳 구멍도 없는 벽

잡초 이파리 하나 돋아날 수 없는 삭막한
짙은 회색빛 벽에 대고 쪼아대는
무뎌진 새의 부리

변화를 두려워하는 건지
변화를 싫어하는 건지
수십 년 세월에도 옹고집으로 다져진 굳건함

파드득 파드득 저 너머 세상을 향해
날갯짓하는 한 마리 새는
벽이 너무 두텁고 높다

날개도 부리도 닳아 어느덧 무뎌진 세상
가끔은 허물어 버리고도 싶었겠지
온 힘을 다해 벽 너머로 날아오를까 싶었을 거야

새를 가두기 위한 벽이었을까
새를 지키기 위한 벽이었을까

답답한 그 안에서 또 다른 담장을
세우고 부수고 다시 세우길 반복하며
떠나지 못한 벽은 새의 둥지였다

언제부터였는지
철벽 여기저기 실금이 그어지고
살짝 벌어진 틈 사이로 따스한 바람도 스며든다

마냥 좋을 줄 알았는데
벽을 바라보는 연민이 한 줄 또 새겨지고
벽을 닮은 당신의 세계가 흔들린다

옛터의 모닥불

한밤의 불꽃이 피어오른다

어느 날 딸과의 데이트
하소동 옛터

줄 지어진 푸른 등불 따라
댕기머리 아가씨가 걸어나올 듯하다
크고 작은 수 많은 조명
가장자리를 장식한 트리도 어우러진 곳

모닥불을 중심으로 둘러앉은 얼굴들
저들과 우리의 담소도
참나무와 함께 타닥타닥 발갛게 익어간다

저만치 위쪽에 자리 잡은 정자엔
무명가수의 라이브에 맞춰 부르는
나의 노래 소리가 자유롭다

빈틈 없이 채워진 야외카페
곳곳을 오르락내리락 사진을 찍는 연인들
한 겨울밤의 추위는 저 끝에 맴돌 뿐
지금의 옛터는 정열이 숨 쉬고 있다

하늘 향해 모닥불 사랑이 피어오르고 또 흩어진다

하루, 몽돌해변

빗줄기가 한겨울 어스름한 이른 아침을 적신다

이미 거제 바다에 담보 잡힌 가슴
좁은 시야를 겁 없이 넓혀가는 빗길 고속도로

하루라는 시간 안에 주어진 여정
통영을 지나 저만치 거대한 조선소를 들러
학동 몽돌해변으로 향한다

둥글둥글 살자던 바다에 얹은 약속
손바닥 위에 올라앉은 몽돌은 여전한데
5년이 지난 그때의 나도 여전할까

일렁이는 파도에
겹겹 묵은 살점들이 한겹 또 한겹
걸러지며 풀어버린 가슴

가벼운 몸은 장승포 맛집의 해산물과
모듬회가 찰진 맛을 내며 위장을 채운다

폐부 깊숙이 거제 내음 품은 하루

저만치 노을은
앞서거니 뒷서거니 산등성이에 걸려있다

그냥

아무 생각이 없어요
조그만 직사각 테이블 위에 턱을 괴고
짙은 회색빛 벽면 위로
눈동자만 구르고 있을 뿐

밀물 같은 시간들이
썰물 같은 순간이 되는 순간
움찔움찔 나의 갯벌 정체가 드러나기 시작하지요

쉼 없이 달리기만 하던 마라토너는
이제 브레이크 타임을 즐길 줄 알고
또 다른 자신만의 세계를 살 줄도 알아요

안부를 주고받는 문자 메시지
차 한잔
냉이 한 줌 나눌 수 있는
따듯한 사람들이 훨씬 더 많다는 것이

아침이면 향하는 일터가 있다는 것이
풋풋한 감성으로 글 꽃을 피울 수 있다는 것이

어쩌면 지금이 가장 좋은 시절일런지도 모르죠

그냥
오년 만이라도 세월을 되돌리고 싶음은 욕심일까요

벽을 구르던 눈동자 제 자리를 찾고
턱을 괴고 있던 왼손을 내려 놓고
"어서오세요"
출입문을 열고 들어서는 미소띤 얼굴
지금 이순간 이대로도 참 좋네요
그냥

손주사랑

보송보송 뽀오얀 살결
길다란 속눈썹을 가지런히

무슨 꿈이라도 꾸는 걸까
양쪽 입꼬리 오르락내리락

동그스름한 얼굴
숱 많은 윗 눈썹에
잘생긴 귀

또렷한 인중 예쁜 입술 위에
낮아 보이는 콧대가 순하다

오동통한 손가락
틈실하게 길쭉한 다리
탐스런 발등

사랑스런 녀석
어디에서 왔을까

손주의 땀이 배인 이마를 살며시 닦는다

보면 볼수록
요맘때 내 딸 얼굴
방울 끈에 머리 묶어주던
그 시절에 잠시 머무를 즈음

"할미" 부르는 손주의 눈이
가늘게 깜박이며 내 품에 파고든다

너를 닮은 내 딸도 그랬듯이
이쁜 내 새끼

엄마의 아침

자신을 먼저 사랑하세요
자신의 몸을 아껴야해요

어깨에 두 군데
오른쪽 목에 두 군데 팔 위쪽에 한 군데
주사를 놓는 원장님의 말씀

몇 년 전까지만 해도 괜찮았던 어깨가
이제 고급 치료를 원하네요

세월에 장사 없단 말 직격탄으로 날아들고
점점 작아지는 또 다른 내 옆에 엄마

어깨가 아프고 다리가 쑤셔서
잠 못 이루던 엄마
이상하게도
아침이면 낫는 것처럼 나도 엄마를 닮아가네요

밤새 숨죽여 끙끙 앓던 소리
이른 아침 찬이슬을 휘감고 들어와
윗목에 두 손을 깔고 앉았던 엄마

따듯한 이불 속에서 아프지 않은
엄마의 아침에 안도를 했던 딸도
아침이면 아프질 않네요
엄마의 아침이란 하루를 살아야 할 힘이었을까요

밤의 통증을 기억하며 병원 문 앞에 서서
밤의 통증도 기억 못한 엄마의 아침이
서글프게 가슴을 저며 오네요

나는 이 밤이 좋다

한밤의 정적을 소리없이 깨운다

믹스커피잔에 드리워진 나의 하루
사람들과 부대꼈던 시간들이
원을 그리며 모락모락 피어나는 하얀 밤

우리집 베란다 창에는
붉은 교회십자가가
그 뒤로는 대전역 쌍둥이 빌딩이
왼쪽으로는 스테이호텔

몇군데 상점들의 반짝이는 네온사인
저만치 아파트의 불켜진 창들
밤 풍경 채워진 창은 널른 유리액자 같아
가끔은 멍한 공허가 그 중심을 채우기도 한다

나는 이 밤이 참 좋아
오롯이 나만의 자유가 있는 나를 위한 시간

어제 마무리 짓지 못한 글도 쓰고 영화를 보며
부엌 냄새 밴 엄마품이 사무치게 그리워
폭포 같은 눈물을 쏟기도 했지

오늘밤은 갈라진 손가락 상처를 소독하고
연고바른 자리를 밴드로 감아준다
쓰라린 손가락을 다른 손으로 살며시 감싸주고
사랑이 떠난 구멍 난 마음은 추억으로 꿰매보고

한밤의 주인공 나는
무거워진 눈꺼풀로 하얀 밤을 자른다

정리

지난 몇 달 간
겨우살이의 정리는
베란다에서 시작된다

한겨울 추위를 둘러싼 뽁뽁이 안에서
빛바랜 행운목, 스킨답서스, 파키라 등이
화분에서 힘없이 뽑혀 나왔다

며칠 전 폭풍 한설이 문제였다고
추위에 쓰러지고 만 몇몇 화초들을
정리하며 궁시렁댄다

여기저기 누런 잎도 따주고
주인 잃은 빈 화분에 결국 내 탓을 심어
뒷자리로 옮겨 놓는다

내 탓이야!

깔끔해진 베란다 정원

가슴이 후련해진다

정리가 필요할 땐 정리를 해야한다

작품해설

치열한 자아찾기의 면밀한 일상

박순길(한국문인협회 시분과 이사, 문학평론가)

1. 가족 부재와 소멸의식

　시인이 꽃이라면 어떤 꽃일까. 장미꽃처럼 크고 화려한 꽃도 좋지만, 꽃 한다발 들고 가는 여인의 청순함을 돋보이게 하는 후레지아도 좋지만, 어느 산 깊은 골짜기 옆에서 향기있는 꽃으로 피어나 빨간 열매가 한 겨울 산토끼가 아껴먹는 찔레꽃은 어떨까. 우리는 지금, 그 어느 때보다 혼란스러운 시대를 바라보고 있다. 국내는 정치적 갈등과 사회적 분열이 날로 깊어지고, 국제 사회는 관세정책으로 경제적 불확실성 속에 휘청이며, 전쟁은 여전히 인류의 역사 속에 아픔을 남기고 있는, 정의롭지 못한 상태에서 마음이 편하지 않을 때 한 시인의 시를 접할 수 있는 기회로 마음의 위로를 찾아본다. 글은 세상을 바꿀 수 있는 무기이자, 한 사람의 목소리로 울려 퍼지는 희망의 메시지가 될 수 있다. 시인이 꽃이라면 배미숙 시인은 어떤 꽃일까를 생각하며 올곧은 마음이 표출된 배미숙 시인의 시를 살펴본다. 먼저 가족부재와 소멸의식에 관한 시를 살펴보자.

열다섯 살 딸이
병든 아버지의 어깨를 주무른다
살점은 없고 움푹 패인 그 위로
뼈만 잡힐 뿐이다

마루 위 아래로
글썽이는 눈은
아버지의 곧 있을 임종을 암시했다

생의 절벽 끝에서
온힘을 다해 숨을 몰아쉬는 등뒤엔
더이상 기골이 장대하지도
엄하지도 않은
연민만 가득할 뿐

헐렁한 난닝구에 들러붙는
마지막 절규가 젖는다

딸은 아버지의 근심
더 살아야 되는 이유를 안고

힘겹게 여름 저편을 향해 떠났다

　　마당 한 옆
　　딸을 태우고 다녔던
　　열다섯 살 자전거를 잃은 채
　　딸의 갈길을 지운다

　　40여 년이 지난 지금도
　　아픈 사랑으로
　　깊이 새겨진 채
　　　　　—「아픔으로 새겨진 아버지의 자전거」 전문

　가족 부재의 암시로 아버지의 병든 상태와 딸의 이별을 통해 아픔이 드러난다. "아버지의 곧 있을 임종을 암시했다"는 부분에서 아버지의 죽음을 예고하고, 딸이 힘겹게 여름 저편을 향해 떠났다는 구절에서는 그녀의 여정을 통해 정서적, 물리적 부재가 형성된다. 딸은 아버지의 마지막 순간을 함께한 뒤, 그를 떠나야만 하는 상황에 처해 있다. 이는 단순히 육체적인 이별을 넘어서, 아버지의 존재가 그녀에게 정신적 부재로 다가옴을 의미한다.

　딸은 자전거를 잃은 채 떠나지만, 그 자전거는 단순한 물건이 아니다. 자전거는 딸이 어렸을 때 아버지와 함께했던 추억과 가족의 연대를 상징한다. 그러나 그 자전거를 잃고, 추억이 그녀의 삶에서 물리적, 감정적 부재로 다가오고 있다. 시의 후반부에서 "40여 년이 지난 지금도 아픈 사랑으로 깊이 새겨진 채"라는 구절은 시간이 흐른 뒤에도 아버지와의 관계, 즉 그 부재가 여전히 살아 있음을 보여준다.

  소멸의식과 죽음의 그림자는 시의 시작부터 시작된다. 아버지의 병든 상태는 소멸의식을 중심으로 한 이미지로 가득 차 있다. "살점은 없고 움푹 패인 그 위로 뼈만 잡힐 뿐"이라는 표현은 아버지의 쇠약한 몸을 통해 죽음의 임박함을 극명하게 드러낸다. 이 구절은 아버지의 육체가 이미 소멸을 향해 가고 있다는 사실을 강렬하게 전달한다. 또한 "등뒤엔 더 이상 기골이 장대하지도 엄하지도 않은 연민만 가득할 뿐"이라는 표현에서, 육체적 강함이 사라지고 오직 연민과 약함만이 남은 상태를 묘사한다. 이는 아버지가 더 이상 강한 존재로서의 역할을 하지 못한다는 것을 의미하며, 죽음이 다가옴을 상징적으로 보여준다. 딸이 아버지의 어깨를 주무르며 아버지의 임종을 준비하는 장면은 그 자체로 소멸의식을 담고 있다. 아버지의 죽음을 준비하는 과정은 결국 가족의 소멸을 의미하며, 딸은 그 소멸을 지켜보면서 아버지와의 관계에서 점점 더 정서적으로 떨어져 나가는 과정을 겪고 있다. "헐렁한 난닝구에 들러붙는 마지막 절규"는 아버지의 마지막 순간에 대한 고통과 절박함을 나타낸다.

  부재와 소멸의 지속성으로 "40여 년이 지난 지금도 아픈 사랑으로 깊이 새겨진 채"라는 마지막 구절은 시간을 초월한 부재의 영향을 의미한다. 아버지와 딸 사이의 관계는 시간이 지나도 여전히 그 자리에 남아 있으며, 그 사랑의 아픔은 지속적으로 새겨져 있다는 사실을 시사하고 있다. 이는 가족 부재가 단순히 시간이 지나면서 사라지는 것이 아니라, 깊은 상처로 남아 시간을 넘어 지속된다는 점을 강조한다. 아버지의 죽음과 부재는 단지 하나의 사건으로 끝나는 것이 아니라, 딸의 삶에 깊이 각인되어 계속해서 영향을 미친다는 사실을 드러내고 있다. 이번에는 어머니의 부재에 대해 살펴보자

덩그러니 남은 달력 한 장
소복소복 하얗게 뒤덮인 열두 달
엄마의 간호와 죽음

잊혀질세라 귓불을 흔드는
12월의 매서운 칼바람 속
잔뜩 움츠린 어깨 너머로
사라지는 한 해

폭풍 같은 한파에
또렷이 새겨진 내 발자국들
어둠을 뒤덮어 버린
하얀 눈 내리는 날
온 종일 서 있던 고단함도
하얗게 덮이고

이제 덮어가며 살아라
　　눈꽃 송이 되어 내린 엄마
　　　　　　　　　　　　－「하얀 눈 내리는 날」 전문

"덩그러니 남은 달력 한 장"이라는 첫 구절은 한 해가 끝나가는 순간, 어머니와의 시간이 종료되는 경계에서 시작된다. 달력 한 장만 남겨둔 채, 그동안 어머니의 간호와 그 고통스러운 시간이 이제 끝났다는 사실을 시인은 의식하고 있다. 여기서 달력은 시간이 지나가는 상징이자, 어머니의 생애가 끝나가는 것을 시각적으로 상기시키는 요소로 작용한다. 어머니의 부재는 이제 현실이 되었고, 그 사실을 덮어두고 살아갈 수 없는 상황이다.

"엄마의 간호와 죽음 잊혀질 세라"라는 구절은 어머니의 죽음이 여전히 기억 속에 선명히 남아 있으며, 그 죽음이 쉽게 잊히지 않으리라는 의식을 드러낸다. 죽음은 단순히 신체적 소멸을 넘어선 존재의 종결을 의미하며, 그 존재의 소멸을 받아들이는 것은 시인에게 깊은 내적 고통을 가져온다. 어머니의 죽음은 시간 속에서 잊혀질 수 있지만, 그 기억과 부재는 여전히 시인의 마음에 살아 있다.

"하얀 눈 내리는 날"이라는 구절은 눈이 내리는 차가운 겨울날의 이미지를 통해 소멸된 존재, 즉 어머니의 죽음을 상징하고 있다. 그러나 눈은 단순히 차가운 죽음의 상징만은 아니다. 눈은 모든 것을 덮고 순수하게 감싸는 역할을 하며, 과거의 고통과 아픔을 덮어가며 살아가야 하는 삶을 암시한다. "눈꽃 송이 되어 내린 엄마"라는 마지막 구절에서 눈송이가 엄마로 변형되는 순간, 시인은 어머니의 죽음을 완전히 받아들이고, 그 기억과 사랑이 이제는 자신의 삶 속에 녹아들어 삶의 일부가 되도록 해야 한다는 메시지를 전달한다.

"이제 덮어가며 살아라"라는 구절에서 시인은 어머니의 부재를 덮고 살아가야 한다는 삶의 숙제를 제시한다. 어머니의 죽음을 완전히 덮을 수는 없지만, 그 부재 속에서 살아가는 힘을 찾으라는 강한 의지가 담겨 있다. 이때 눈은 단순히 죽음을 덮는 것이 아니라, 삶을 계속해서 이어가도록 하는 상징적인 역할을 한다. 시인은 어머니를 잃은 고통 속에서도, 그 고통을 감싸고, 덮고, 받아들이며 살아가야 한다는 고백을 담고 있다.

이 시는 어머니의 부재를 직시하면서, 그 부재를 덮고 살아가야 하는 삶의 현실을 깊이 탐구한다. 어머니의 죽음은 단순히 신체적인 소멸이 아니라, 배미숙 시인에게 있어 사랑과 기억, 존재의 소멸을 의미한다. 그러나 시인은 이 소멸 속에서도 눈처럼 순수하게 덮어가며 살아가야 한다는 메시지를 전달한다. 어머니의 부재와 죽음을 인식하며 살아가는 주인공은, 결국 그 고통과 그리움을 덮어가며 새로운 삶의 방식으로 나아가야 하는 현실을 마주하고 있다. 이 시는 어머니의 부재와 소멸을 통해, 죽음이 우리 삶의 일부분임을 받아들이고, 그 부재 속에서 어떻게 살아갈 것인지를 묻는 존재론적인 질문을 던지고 있다. 다음에는 부모의 부재와 소멸 의식을 살펴보자

곧 꺼질 듯한 촛불 앞에/ 숨도 내 쉴 수 없는 막막함을 깨운다// 마음 굳게 먹고 살라는 말을 남긴 채/ 끝내 눈을 감지 못했던 남편// 다섯 남매를 아내에게 맡긴 그의 남편은/ 선산 한 자리를 잡은 봉분 아래 묻힌 지 40년// 이 애들을 두고 나 혼자 어찌 살까/ 구비구비 산 넘어 40년/ 그의 아내도 영면에 들었다/ 다섯 남매에게 엄마이자 아버지였던 아내/ 남편과 함께 사라진 여자라는 이름// 외로움을 건디며 지내온 세월/ 아롱다롱 자식들에게 가슴을 파먹히고/ 빈 가슴엔 서글픈 그리움으로 채워졌다// 매장도 싫고 납골당 항아리도 답답하여/ 자연장을 원했던 그의 아내/ 다시 만난 부부의 이름 석 자 묘비에 새겨/ 자연에 나란히 안치한 사연// 따사로이 불어오는 바람은 남편의 품 같아/ 햇살을 머금은 아내의 눈물이 일렁이었을/ 40년 만의 해후// 임자, 그동안 고생 많았네 그려

―「40년 만의 해후」 전문

이 시는 부모 부재와 소멸이라는 주제를 중심으로 깊은 감정의 흐름을 그려낸 작품이다. 시간의 흐름과 인간의 삶에서 불가피하게 겪게 되는 상실, 그리고 그 상실이 남긴 감정적인 흔적을 섬세하게 탐구하고 있다. 부모가 떠난 후

남은 이들의 감정, 그리고 죽음을 앞두고 그들이 바라는 마지막 소망은 시에서 중요한 역할을 하고 있다. 시의 주인공은 다섯 남매를 두고 떠난 남편과, 그 뒤를 이어 혼자서 자식들을 돌본 아내이다. 이들은 물리적으로 떠나갔지만, 그들의 존재는 남은 자식들, 그리고 서로에게 계속해서 영향을 미치고 있다.

"다섯 남매를 아내에게 맡긴 그의 남편"은 부재의 상징이다. 남편은 가정을 떠나며 아내에게 모든 책임을 맡기고, 그 후 40년 동안 아내는 홀로 자식들을 키우며 삶을 이어갔다. 이 과정에서 아내의 마음은 "가슴을 파먹히고 빈 가슴엔 서글픈 그리움으로 채워졌다"는 표현을 통해 깊은 상실과 그리움을 드러내고 있다. 부모의 부재는 단순히 신체적인 결핍만을 의미하지 않는다. 그들은 여전히 자식들에게 큰 영향력을 미치며, 자식들은 부모의 부재 속에서 그리움과 아픔을 견디고 있다. 부모가 떠난 후 남은 자식들은 그리움과 외로움을 느끼지만, 동시에 부모의 역할을 자신이 이어가야 한다는 부담을 안고 있다. 아내 또한 "엄마이자 아버지였던 아내"로서 두 역할을 혼자서 감당하며, 그 결과 가슴 속 깊은 공허와 슬픔이 남아 있다. 부모의 부재는 그리움뿐만 아니라, 현실적인 책임감과 어려움의 상징이기도 하다.

시의 후반부는 죽음을 앞두고 이루어진 부모의 재회로 귀결된다. "자연장을 원했던 그의 아내"라는 표현은 물리적 존재가 소멸된 후에도, 그들의 정신적 존재는 자연과 하나가 되기를 바란다는 의미를 내포하고 있다. 또한 이 부분은 인간 존재의 소멸 이후에도 여전히 존재할 수 있는 정서적 연결을 암시한다. 아내는 물리적 매장지에 갇히는 것을 거부하고, 자연과 함께 존재하기를 원하고 있다. 이는 결국 '소멸'을 받아들이는 동시에, 인간 존재의 일부는 죽음을 넘어 자연의 일부로 돌아간다는 의미로 해석할 수 있다. "다시 만난 부부의 이름 석자 묘비에 새겨"라는 구절은, 죽음이란 단절이 아닌, 오히려 더 깊은 연대와 결합으로 이어지는 것을 보여준다. 부부는 죽음을 맞이했지만, 그들의 사랑과 이름은 묘비에 새겨져 지속적으로 후세에 기억된다. 그리고 이 묘비에 새겨진 이름이 단지 물리적 개념이 아니라, 그들이 남긴 감정의 흔적이기도 하다는 점에서, 소멸 후에도 계속해서 이어지는 사랑을 강조한다. 또한, "따사로이 불어오는 바람은 남편의 품 같아"라는 구절은, 죽음을 넘어 자연과 다시 합쳐져서 그들의 사랑이 영원히 지속됨을 상징적으로 표현하고 있다. 죽음은 끝이 아니라, 자연의 일부로서 다시 만날 수 있는 하나의 과정으로 그려지고 있다.

이 시는 부모의 부재와 그들의 소멸 후에도 지속되는 감정적 연결을 탐구하는 작품이다. 부모의 부재는 단지 물리적인 결핍만을 의미하는 것이 아니라, 남겨진 자녀들이 그리움과 외로움 속에서 살아가는 복잡한 감정을 형성하게 만든다. 또한, 부모는 단순히 죽음을 맞이하고 끝나는 존재가 아니라, 그들의 사랑과 이름은 시간이 지나도 계속해서 이어지고, 자연 속에서 다시 재회하는 의미로 살아 숨쉬게 된다. 시는 죽음을 앞두고서 이어지는 사랑의 깊이를, 그리고 소멸이라는 주제를 넘어서 인간의 존재가 어떻게 계속해서 영향을 미치는지를 보여주고 있다. 부모의 부재와 소멸은 단순히 끝이 아니라, 계속해서 우리 삶 속에서 그들의 존재와 감정을 느낄 수 있는 방식으로 이어지는 것이다.

2. 내면의 울림

시와 내면의 울림은 말로 다 표현할 수 없는 감정과 생각이 단어의 틈새에서 번져 나오는 순간이라고 할 수 있다. 시는 단순한 언어의 조합이 아니라, 마음 깊은 곳에 잠들어 있던 감정들을 조심스레 건드리는 울림이다. 시인이 한 줄의 시를 쓰기 위해 견뎌야 했던 침묵과 고요는, 독자의 마음에 닿는 순간 비로소 공명하게 된다. 독자가 그 시를 읽고, 그 말에 자신만의 해석을 더하며 마음속 무언가가 '툭' 하고 건드려질 때 그게 바로 내면의 울림이 된다. 이 울림은 누군가에게는 위로가 되고, 또 누군가에게는 오래 잊고 지냈던 기억을 소환하기도 하고. 어떤 이는 그 울림을 통해 지금의 삶을 다시 바라보게 된다. 배미숙 시인의 그런 시를 살펴보자.

> 11월의 세찬 비바람이 분다/ 위잉~ 바람속에 냉기가 서려있다// 화려한 색채의 옷으로 휘감던 나무들/ 황홀했던 가을의 스타일이/ 우수수 벗겨져 사방에 흩날리고// 영원하고 싶었을 아름다운 시절이/ 무너져 내리는 순간이다// 산내 구도로에 길게 늘어선/ 플라타너스 나무 이파리들/ 도로 양쪽으로 떠밀리고 쌓이는/ 갈잎의 마지막 향연// 무심히 지나치는/ 자동차 바퀴에 찢겨지는 갈잎의 고통/ 젖은 바닥에 신음을 묻는다// 어느 시인의 위로/ 이게 끝이 아니야/ 화려함을 벗어던진 초연한 나무의 여백// 쉼 없이 돌고 도는 계절의/ 수레바퀴 속 공허함을/ 재회의 기다림으로 채운다// 바람이 훑고 간 공원벤치엔/ 덩그러니 남은 낙엽 하나/ 몸 밖으로 나간 마음 하나
> ─「이별, 그리고 재회」전문

이 시는 가을에서 겨울로 넘어가는 계절의 경계를 배경으로, 삶의 한 순간이 지나가는 덧없음과 그 안에서의 고요한 기다림을 다층적으로 담아내고 있다. 처음 부분의 "11월의 세찬 비바람"과 "냉기가 서려있다"는 표현은, 자연의 외적 변화뿐 아니라 내면의 고요한 슬픔과 흔들림을 함께 암시한다. 화려한 색채로 휘감았던 나무들이 그 찬란함을 벗고 "우수수 벗겨져 사방에 흩날"리는 모습은, 곧 지나간 아름다움에 대한 애잔한 회상이자 상실의 절정을 상징한다. "무심히 지나치는 자동차 바퀴에 찢겨지는 갈잎의 고통"이

라는 표현은 특히 인상적이다. 이 장면은 단순한 자연 묘사가 아니라, 무심한 세계 속에서 상처받는 존재의 고통을 묘사한 것으로, 타인의 무관심 속에 더욱 깊어지는 내면의 아픔을 상징적으로 드러내고 있다.

시는 단지 이별에 머물지 않는다. "이게 끝이 아니야" 라는 시인의 음성은 희망의 씨앗이다. 떨어지고 벗겨진 모든 것들의 빈자리를, 시인은 "초연한 나무의 여백"으로 그리며 그 안에 재회의 가능성을 놓고 있다. 여백은 허무가 아니라 기다림의 공간이며, 계절이 돌고 도는 것처럼 마음 또한 언젠가 다시 채워질 것임을 암시하고 있다.

"몸 밖으로 나간 마음 하나"는 이 시의 내면적 정서를 정점으로 끌어올리고 있다. 한 장의 낙엽처럼 떨어진 마음은 지금은 비어 있지만, 그 마음이 언젠가 돌아올 것이라는 믿음 속에 시는 끝을 맺고 있다. 이 시는 단순한 계절의 묘사를 넘어, 시간의 흐름 속에서 감정을 떠나보내고 다시 맞이하는 인간의 내면 여정을 은유적으로 풀어낸 작품이다. 자연과 인간의 감정이 겹쳐지며, 이별의 슬픔은 곧 재회의 기대감으로 전환되고, 모든 것은 순환한다는 삶에 대한 철학적 통찰을 담고 있다. 관련된 다른 작품을 보자.

> 가슴 한 곳 또아리를 튼 채/ 목을 치켜든 뱀처럼 / 기회를 찾고 있었나 봐// 꼭 한번 이뤄보자 했던 숙원 앞에/ 3년치의 과

제는/ 턱 하니 내 앞에 던져진 거야// 하얀 백지 위 빼곡히 덮은 글씨들/ 까만 물결 되어 일렁이고/ 하얀 백지 머릿속을 헤메는/ 뿌우연 두 눈을 훔쳤지// 오랜세월 널브러졌던 무지함/ 이 난감함/ 정신을 다 잡고 까만 물결 출렁이는/ 새로운 길에 첫발을 내딛는 거야// 어디서부터 어떡해 찾아나설까// 나는 지금/ 하얀 백지 위에서 콩 고르기를 하고 있어/ 구부러진 콩/ 동그란 콩들을 어둔 눈으로 / 하나하나 주워 담으며 마음 둔 그곳을/ 찾아가고 있는 중이야// 아스팔트 끊긴 여기서 저 너머까지 / 그래도 괜찮아// 어제까지의 세월은 아주 훨씬 더 길었으니까

—「독백」전문

시「독백」은 개인의 깊은 내면, 그 중에서도 자기 성찰과 의지의 각성이라는 주제를 섬세하게 그려낸 작품이다. 겉으로는 일상적인 '과제'나 '숙원'이라는 표현을 통해 현실적인 무게를 드러내지만, 그 이면에는 오랜 시간 눌러왔던 자아에 대한 고민과 실존적 갈망이 고요한 물결처럼 일렁인다. "가슴 한 곳 또아리를 튼 채 목을 치켜든 뱀처럼"이라는 인상적인 첫 구절은 내면에 오래도록 잠재해 있던 욕망과 긴장감을 압축해 표현한다. 이 욕망은 단순한 성취에 대한 갈망이 아니라, 자신이 누구인지에 대한 질문에서 비롯된 것이다. 시인은 이 질문을 회피하지 않고 오히려 "하얀 백지"라는 완전한 시작점 앞에 서서 정면으로 마주한다.

'하얀 백지'는 무지이자 가능성이고, 동시에 공포이기도

하다. 시인은 그 백지를 앞에 두고 "까만 물결"에 휩싸인다. 이는 아마도 수많은 생각, 경험, 혹은 방황으로 읽힐 수 있으며, 그 모든 것들이 백지 위에 쏟아져 나온다. 결국 이 물결은 시인이 짊어지고 있는 과거의 흔적들이며, 그가 껴안고 가야 할 정체성의 일부이다. "콩고르기"는 그 중에서도 매우 상징적인 행위이다. 콩은 작지만, 하나하나가 결정적인 선택을 상징한다. "구부러진 콩, 동그란 콩"은 각기 다른 가능성, 실수, 혹은 진심을 의미할 수 있다. 시인은 그 중 자신에게 진짜 필요한 것을, 어두운 시선으로 하나하나 골라 담는다. 이는 다름 아닌 자기 자신과의 대화이자 내면을 향한 여정이다.

시의 마지막 부분 "그래도 괜찮아 / 어제까지의 세월은 아주 훨씬 더 길었으니까"는 과거에 머물러 있던 자아가 지금 비로소 각성하고 있음을 보여준다. 한 사람의 내면이 스스로를 받아들이고 새 길로 나아가기로 결단짓는 이 장면은 치열하면서도 잔잔한 내면의 울림으로 독자에게 다가온다. 이 시는 말하자면, 한 사람의 조용한 각성과 새로운 시작에 대한 노래이다. 큰 목소리도, 격정적인 감정도 없이, 독백의 형태로 이루어진 이 시는 오히려 그 정제된 고요함 속에서 더 큰 울림을 전한다. 이 울림은 독자로 하여금 자신 또한 '백지' 앞에 서 있는 존재임을 느끼게 하며, 우리 모두가 끊임없이 콩고르기를 하며 살아가고 있음을 자각하게 한다. 내면의 울림에 대한 또 다른 시를 보자.

아무 생각이 없어요
조그만 직사각 테이블 위에 턱을 괴고
짙은 회색빛 벽면 위로
눈동자만 구르고 있을 뿐

밀물 같은 시간들이
썰물 같은 순간이 되는 순간
움찔움찔 나의 갯벌 정체가 드러나기 시작하지요

쉼 없이 달리기만 하던 마라토너는
이제 브레이크 타임을 즐길 줄 알고
또 다른 자신만의 세계를 살 줄도 알아요

안부를 주고받는 문자 메시지
차 한잔
냉이 한 줌 나눌 수 있는
따듯한 사람들이 훨씬 더 많다는 것이

아침이면 향하는 일터가 있다는 것이
풋풋한 감성으로 글 꽃을 피울 수 있다는 것이
어쩌면 지금이 가장 좋은시절 일런지도 모르죠

그냥
오년 만이라도 세월을 되돌리고 싶음은 욕심일까요

벽을 구르던 눈동자 제 자리를 찾고
턱을 괴고 있던 왼손을 내려 놓고
"어서오세요"
출입문을 열고 들어서는 미소띤 얼굴

지금 이순간 이대로도 참 좋네요
그냥

―「그냥」 전문

「그냥」은 격한 감정이나 극적인 사건 없이도 삶의 깊은 진동을 일으키는 시이다. 시인은 조용한 일상의 한 장면을 정지화면처럼 그려낸다. 직사각형 테이블, 짙은 회색빛 벽면, 턱을 괴고 있는 자세 등 일상 속 익숙한 풍경은 오히려 독자의 마음속에 잔잔한 파문을 일으킨다. 시의 화자는 한때 끊임없이 달리던 마라토너였다. 쉼 없이 달려왔던 과거를 지나, 이제는 잠시 멈춰서 자신을 돌아볼 줄 아는 사람으로 변화한다. 이 변화는 단순한 정지가 아니라 내면의 울림을 느끼는 '멈춤'이다. 시간이 밀물처럼 들어왔다가 썰물처럼 빠져나가며 드러나는 '나의 갯벌'은, 자기 존재의 본질이 드러나는 순간을 상징한다. 시 속의 화자는 일상의 작고 사소한 것들에서 진심 어린 울림을 발견한다. "안부를 주고받는 문자 메시지", "차 한잔", "냉이 한 줌" 같은 표현은 물질이 아닌 마음의 교류, 진정한 연결을 보여준다. 그것은 무심코 지나쳤던 소중한 것들이며, 그 존재만으로도 삶을 따뜻하게 만든다.

또한 이 시는 '지금 이 순간'의 소중함을 일깨운다. 돌아가고 싶은 과거가 있음에도 불구하고, 지금의 일터, 사람, 글을 쓸 수 있는 감성 등은 "어쩌면 지금이 가장 좋은 시절 일런지도 모른다"고 조심스럽게 말한다. 화자는 더 이상 '무엇이 되기 위한 삶'을 살지 않는다. 대신 '지금 이대로도 괜찮다'는 깊은 수용과 평안을 선택한다. 결국 이 시는 거창한 교훈이나 설득 없이, 독자의 내면을 조용히 울리는 시이다. 우리 모두의 일상 속에 숨어 있는 울림을 발견하고, '그냥'이라는 말 속에 담긴 따뜻한 위로를 다시금 느끼게 해준다.

3. 자연의 몰입과 시적 감수성

자연은 늘 그 자리에 있지만, 그것을 어떻게 바라보느냐에 따라 전혀 다른 얼굴로 다가온다. 시인은 자연을 있는 그대로 관찰하는 데 그치지 않고, 그 안에 자신의 감정과 사유를 투영함으로써 깊은 울림을 만들어낸다. 이때 필요한 것이 바로 '몰입'과 '시적 감수성'이다. 자연의 작은 움직임에 마음을 기울이고, 거기서 삶의 의미를 발견하는 감수성이야말로 시인이 가진 가장 예민한 안테나다. 몰입이란 단순히 자연을 바라보는 것이 아니다. 그것은 자연과 자신 사이의 경계를 허물고, 그 흐름 속으로 자신을 온전히 맡기는 일이다. 바람이 스치는 소리, 빗방울의 무늬, 이른 봄의 냉이 한 줌까지도 시인의 세계에서는 시적 대상이 된다. 자연은 말을 하지 않지만, 시인은 그 침묵 속에서 언어를 끌어낸다. '밀물 같은 시간'이 '썰물 같은 순간'으로 바뀌는 장면에서처럼, 시인은 자연의 순환을 삶의 흐름에 빗대어 표현한다. 이러한 감각은 단지 시적인 장치가 아니라, 세계를 읽어내는 감성의 방식이다.

시적 감수성은 일상 속 자연에 깃든 숨겨진 뜻을 포착하는 데서 비롯된다. 자연은 늘 일상의 배경처럼 존재하지만, 시인은 그 배경을 전면으로 끌어내어 주인공으로 만든다. 가령, 한 잎의 낙엽이나 스치는 햇살도 시인의 감각 속에서는 시간의 흐름, 인생의 단면으로 전이된다. 그것은 자연이 주는 위로이기도 하고, 때로는 경고이기도 하다. 감수성이란, 그 변화무쌍한 표정을 알아채는 능력이다. 자연과의 몰입은 곧 삶에 대한 성찰로 이어진다. 자연은 시인에게 끊임없이 말을 걸어오고, 시인은 그 말에 응답한다. 말하자면 시란, 자연과 인간의 대화이며 그 대화를 이어주는 다리가 바로 감수성이다. 그것이 있을 때 비로소 자연은 살아 움직이고, 인간은 고요한 풍경 속에서 자신의 존재를 되묻는다.

이렇듯 자연에 대한 몰입은 시적 감수성을 자극하고, 그 감수성은 또 다른 몰입으로 이어지는 순환 구조를 만든다.

시는 자연을 단순히 묘사하는 것이 아니라, 그 안에서 인간의 내면을 들여다보는 거울이 된다. 그러므로 자연과 감수성은 시를 이루는 두 개의 심장이라 해도 과언이 아니다. 관련된 시를 보자.

> 새벽을 적시는 빗줄기 소리
> 베란다를 훑고 지나는 저벅저벅 자동차 소리
> 정적을 깨우는 모모의 취기 섞인 소리
> 굉음으로 달리는 오토바이 소리
> 11층을 타고 올라오는 귀뚜라미 소리
> 열린 창을 넘나드는 바람소리
> '탁탁' 블라인드가 창에 부딪치는 소리
> 수족관 산소기 물방울 흐르는 소리
> 쨱각쨱각 시계 초침 소리
> 잠 못이루는 이불 뒤척이는 소리
> 소리가 소리를 부르고
> 소리에 쌓여 헤어나고픈
> 마음의 소리
> ―「소리」 전문

 이 시를 읽다보면 작고하신 대전의 박용래 시인의 시 「저녁 눈」이 생각난다. 관련지어 살펴보면 시란, 본질적으로 자연에 대한 예민한 감각의 발현이다. 그것은 사물이나 현상을 바라보는 시인의 내면이, 언어를 통해 어떻게 '느끼고 해석하는가'의 결과물이기도 하다. 이러한 의미에서 시인의 감수성은 시 세계의 방향성과 정서를 결정짓는 중요한 축

이 된다. 이 점에서 보면, 배미숙의 시인의 「소리」와 박용래 시인의 「저녁 눈」은 서로 다른 시대와 어법을 지니면서도, 정적의 풍경 속에서 감각을 일으키고 감정을 스미게 한다는 공통의 시적 감수성을 드러낸다.

「소리」는 새벽이라는 고요한 시간 속에 귀를 기울인다. 시인은 외부 세계에서 들려오는 수많은 소리들, 빗줄기, 자동차, 오토바이, 귀뚜라미, 바람, 블라인드의 마찰음, 시계 초침을 차례차례 나열한다. 이들 소리는 각각 하나의 현상이나 물질적 움직임을 반영하지만, 시가 진행될수록 청각의 초점은 점점 내면으로 향한다. "잠 못 이루는 이불 뒤척이는 소리", 그리고 마지막 "소리가 소리를 부르고 소리에 쌓여 헤어나고픈 마음의 소리"에 이르면, 시는 더 이상 외부 소리를 묘사하지 않는다. 오히려 그것들을 감각적 징검다리 삼아 도달한 내면의 심연을 조용히 응시하게 된다.

이러한 시적 구성은 박용래의 「저녁 눈」과 흥미로운 대비를 이룬다. 「저녁 눈」은 눈이 소리 없이 내리는 저녁 풍경을 중심으로, 모든 것이 멈춰 있는 듯한 순간의 정서를 그려낸다. 눈발은 소리를 삼키고, 사물의 경계는 흐려지며, 말조차 필요 없는 고요가 시 전체를 감싼다. "늦은 저녁에 오는 눈발은 여물 써는 소리에 붐비다" 같은 장면은 직접적인 감정보다는, 묵묵한 장면 속에서 감정의 무게와 온도를 전한다. 소리 없는 풍경이 오히려 더 강한 감정을 함축하는 것이다.

두 시는 서로 정반대의 소재, '소리'와 '침묵'을 다루지만, 감수성의 결은 오히려 매우 닮아 있다. 「소리」는 소리를 나열하면서도 그 소리들 속에서 침묵의 감정, 곧 말로 표현되지 않는 외로움과 공허, 고요한 불면을 감각적으로 드러낸다. 반대로 「저녁 눈」은 철저한 정적 속에서 언어 밖의 감정, 삶의 고단함이나 가족에 대한 애정 같은 무거운 정서를 가만히 스며들게 한다.

이처럼 두 시의 시적 감수성은 사물이나 자연 현상을 감정의 매개로 삼는 데서 절정을 이룬다. 이는 단순한 묘사를 넘어서, 독자가 체감하게 되는 '정서적 공간'을 구축하는 시적 전략이다. 「소리」의 시인은 소리로 새벽을 깨우지만, 결국 깨워지는 것은 자기 자신의 감정이며, 「저녁 눈」의 시인은 눈으로 세계를 덮지만, 덮여지는 것은 말로 다하지 못할 마음의 기억이다.

또한 두 시 모두 감정의 직접적인 표현을 피한다는 공통점이 있다. 감정은 감추어지고, 풍경과 사물에 스며든 채 존재한다. 이로 인해 시는 더욱 깊은 여운을 남긴다. 마치 말하지 않음으로써 더 많은 것을 말하는 것처럼, 독자는 그 여백을 채우며 스스로 감정을 발견하게 된다. 이러한 시의 태도는 시적 감수성이 감각을 넘어 존재의 깊이를 다루는 일임을 잘 보여준다.

 결론적으로, 「소리」와 「저녁 눈」은 정적 속의 감각을 통해 독자의 내면 깊숙한 감정을 불러일으킨다. 소리와 침묵, 새벽과 저녁, 현대와 과거라는 표면적 차이를 넘어서, 두 시는 삶의 미세한 결을 어루만지는 시인의 감수성이라는 뿌리에서 만난다. 그 감수성이 있기에 우리는 눈이 내리는 소리 없는 밤과, 소리가 겹겹이 쌓이는 새벽 모두를 '감정으로 듣게' 된다. 시 한편을 더 살펴보자.

> 사방이 철벽이다
> 벌어진 틈도 없고 어느 한 곳 구멍도 없는 벽
>
> 잡초 이파리 하나 돋아날 수 없는 삭막한
> 짙은 회색빛 벽에 대고 쪼아대는
> 무뎌진 새의 부리
>
> 변화를 두려워하는 건지
> 변화를 싫어하는 건지
> 수십 년 세월에도 옹고집으로 다져진 굳건함
>
> 파드득 파드득 저 너머 세상을 향해
> 날갯짓하는 한 마리 새는
> 벽이 너무 두텁고 높다
>
> 날개도 부리도 닳아 어느덧 무뎌진 세상

가끔은 허물어 버리고도 싶었겠지
온 힘을 다해 벽 너머로 날아오를까 싶었을 거야
새를 가두기 위한 벽이었을까
새를 지키기 위한 벽이었을까

답답한 그 안에서 또 다른 담장을
세우고 부수고 다시 세우길 반복하며
떠나지 못한 벽은 새의 둥지였다

언제부터였는지
철벽 여기저기 실금이 그어지고
살짝 벌어진 틈 사이로 따스한 바람도 스며든다

마냥 좋을 줄 알았는데
벽을 바라보는 연민이 한 줄 또 새겨지고
벽을 닮은 당신의 세계가 흔들린다

―「벽」 전문

  시 「벽」은 육체와 정신의 경계를 막아선 어떤 견고한 '철벽' 앞에서, 끊임없이 부딪히는 한 존재, '새'의 시선을 따라가며 시작된다. 이 철벽은 단지 공간의 물리적 한계가 아니라, 시간과 고집, 체념과 두려움으로 단단해진 내면의 상징이다. "잡초 이파리 하나 돋아날 수 없는 삭막한 짙은 회색빛 벽"이라는 표현은, 이 벽이 생명이나 변화, 가능성의 여지를 전혀 허용하지 않는 극도의 경직성과 무감각함을 내포하고 있다.

그러나 시는 이 벽을 정면으로 응시하는 데 그치지 않는다. 시인은 "무뎌진 새의 부리"를 언급함으로써, 그 벽에 맞서 왔던 시간, 갈망과 저항의 흔적들을 보여준다. 변화의 욕망은 분명 존재하지만, 그것이 지속될수록 부리와 날개는 닳고 무뎌진다. 여기서 시인은 고정된 세계에 맞서는 자아의 피로와 반복된 좌절의 감정을 절절하게 환기시킨다. 그럼에도 불구하고, 이 시는 단순히 벽에 갇힌 새의 비극을 말하려는 것이 아니다. 후반부로 갈수록 벽은 "새를 가두기 위한 것이었을까 / 새를 지키기 위한 것이었을까"라는 반문을 통해, 보호와 억압 사이의 모호한 경계를 탐색하기 시작한다. 억압의 상징인 벽이 곧 안온한 둥지였다는 역설, 바로 이 지점에서 시는 극적인 감정의 전환을 이룬다.

시의 말미에서 철벽은 완전히 무너지지 않는다. 오히려 "실금"이 가고, "살짝 벌어진 틈 사이로 따스한 바람이 스며든다." 이 이미지는 변화를 위한 파괴가 아닌, 감정의 누적이 만들어낸 균열과 서서히 스며드는 외부의 가능성을 상징한다. 그리고 그 틈은 기쁨이나 해방만을 의미하지 않는다. "벽을 바라보는 연민"과 "벽을 닮은 당신의 세계가 흔들린다"는 마지막 구절은, 무너지는 대상에 대한 애틋함과 흔들림 속 타인을 이해하려는 감정의 성숙을 보여준다.

이 시의 감수성은 바로 여기, 단단한 벽과 그 속에 부딪히는 존재의 상처, 그리고 그 상처로부터 비로소 생겨나는 이

해와 연민의 감정에 있다. 단순한 도피나 분노가 아닌, 살아남기 위한 타협, 존재를 위한 변화의 여정 속에서 시는 극도의 감정을 억제한 채 말없이 흔들린다. 그 절제된 언어, 그러나 응축된 의미야말로 이 시가 지닌 시적 감수성의 핵심이라 할 수 있다. 결국「벽」은 단단한 현실을 직면한 시적 자아가 삶의 경계를 어떻게 견디고, 변화시키며, 연민에 이르는가를 보여주는 서사다. 벽은 사라지지 않는다. 그러나 벽에 새겨진 실금은, 삶이 결국 균열을 통해 타자와 연결되고, 자기 자신을 이해해가는 과정임을 조용히 암시하고 있다.

지금까지 배미숙 시인의 시를 접하면서 전체적인 공통분모는 부모 부재, 시 속에 흐르는 내면의 울림 그리고 자연을 보고 관찰하고 몰입하는 시적 감수성을 찾아 볼 수 있다. 시인은 어린 시절 부모의 부재를 겪으며 정서적 결핍을 경험한다. 부모의 존재는 인간의 근원적인 안정감을 제공하지만, 그가 겪은 공백은 외로움과 상실의 정서로 이어진다. 이러한 결핍은 단순한 유년기의 고통에 그치지 않고, 내면 깊숙이 울림을 만들어내는 정서적 기반이 된다. 시인은 이를 회피하지 않고 오히려 정직하게 마주하며, 시를 통해 자신의 상처를 들여다본다.

그는 내면의 고요한 울림을 경청함으로써 자아와 세계를 연결하는 감각을 확장시킨다. 이 과정에서 자연은 그에게 위로의 공간이자 사유의 장으로 기능한다. 그는 자연 속에서 외부 세계의 소란에서 벗어나 고요히 몰입하고, 존재의 근원을 응시한다. 자연을 단순한 배경으로 그리지 않고, 감각과 감정이 교차하는 시적 공간으로 끌어올리며 시인은 감정을 투영하고 삶의 진실을 포착한다. 그의 시는 자연을 바라보는 섬세한 시선과 인간 내면의 진동이 어우러져 독자에게 깊은 감동을 준다.

결국 이 시의 중심에는 '상실'에서 비롯된 고통을 정면으로 응시하고, 이를 예술로 승화시키는 시인의 태도가 있다. 부모의 부재는 아픔이지만, 그 아픔을 통해 그는 자신의 내면과 자연을 더욱 깊이 이해하며, 시적 감수성을 발달시킨다. 이처럼 시인은 상실의 기억을 내면화하고, 그것을 언어로 표현함으로써 삶과 예술 사이의 간극을 좁혀나간다. 한마디로 치열한 자아찾기의 면밀한 일상으로 독자에게 쉽게 접근하면서 잔잔한 감동을 주고 있다. 시집 상재를 축하드리고 문운 왕성하기를 기대한다.

이든시인선 156
그것도 나였음을
ⓒ 배미숙, 2025

발행일	2025년 5월 22일
지은이	배미숙
발행인	이영옥
펴 낸 곳	도서출판 이든북
출판등록	제2001-000003호
주　　소	대전광역시 동구 중앙로 193번길 73
전화번호	(042)222-2536 | 팩스(042)222-2530
전자우편	eden-book@daum.net
카　　페	https://cafe.daum.net/eden-book
공 급 처	한국출판협동조합
	전화 (02)716-5616　(031)944-8234~6

ISBN 979-11-6701-345-3 (03810)
값 11,000원

* 이 책의 판권은 지은이와 이든북에 있습니다.
* 이 책 내용의 전부 또는 일부를 재사용하려면 반드시
　양측에 서면 동의를 받아야 합니다.